韓国伝統の餅
オリジナルの餅をご家庭で

趙善玉の誰でも作れる韓国トック

チョ ソン オク
Cho Sunok

はじめに

私がほれ込んだ
トックの魅力を
日本の皆さんに伝えたい

　韓国で最大の広さを持つ穀倉地帯の全羅道で生まれた私は、1998年から日本で韓国料理研究家として基礎的な研究活動を始めました。研究を始めて6年ほど過ぎた2004年から日本で開催される韓国料理を提供するイベントでのコーディネーターを務める機会が多くなりました。
　当時、イベントで出していたデザートはソンピョンやキョンダンなど母から習ったものばかり。韓国人なら誰でも知っているものを出すことに、いつも物足りなさを感じていました。
　そんなとき、あるイベントで親しくなった韓国料理研究家の大先輩から「韓国で伝統的な餅（トック）をさらに深める研究をしてみたら」と勧められました。でも、そのころの私は料理教室も主宰していましたから毎日忙しく、簡単に韓国に行く余裕はありません。背中を押してくれたのは家族でした。その励ましに「よし、トックを究めてくる！」と決意を固め、韓国ソウルにあるトックを専門とする学校に入学しました。

　トックには魔力のようなものがあり、ひとつ習うと、どうしても次が知りたくなります。来る日も来る日も朝9時半から夜中までトックを習っては作り、作っては習うを繰り返しました。長いときは6カ月間も日本に帰らず、ひたすらトックを作り続けていたのです。
　私はトックが持つ奥深さに心酔し、どんどんのめり込んでいきました。やればやるほど、トックの魅力は増していきます。
　トック作りはおもしろい。いくらやっても尽きることがない。

　ただただ夢中になって作り続けて、ようやくトックとは何かがわかってきたころ、晴れて卒業となり日本に戻ってきました。

トック作りの技術と情熱を形にするため、東京・恵比寿に餅カフェ「パラム」をオープンさせたのは2009年5月でした。日本で初めての餅カフェですから、多数のメディアに取り上げられ、評判を呼びました。カフェのメニューとしてトックを出すのはもちろん、トックの販売や教室も開き、そのおいしさをなんとか日本に伝えようとしたのです。
　日本ではあらゆる種類の韓国料理の本が出版されていますが、不思議なことに「トックの本」は見当たりません。トックの料理本を紹介できれば、トックの世界は広がるはずです。

　「私がトックの本を出そう!」
　こう思い立ったのは2年前でした。
　幸い、私の意志を汲んでくださった出版社が名乗りを上げ、ようやく出版にいたることができました。日本で初めてのトックの本の誕生です。

　トックはおいしさだけでなく韓国の文化も歴史も含んでいます。世界に誇る素晴らしい食文化です。トック作りは入りやすさを持っていますが、奥深いものであり、決して気を抜いて作ってはいけないものです。熱い生地を練ったり、こねたりしているうちに私は体も心も強くなったように思います。
　今回この本でご紹介するトックは数あるもののうちのごく一部にすぎません。さらにもっとアレンジしたもの、もっとヘルシーなものへと広げ、その素晴らしさを堪能していただくチャンスが増えることを願っております。

　トックは私にたくさんのものを教えてくれました。そんな私の思いを皆さんにお伝えできればこんなに幸せなことはありません。

2012年7月
趙善玉料理研究院院長
趙　善玉

目次

はじめに 趙 善玉 2

Part 1 基本編 7

トックとは何か 8
トックの種類 10
基本的な作り方 11
主材料と副材料 12
トック作りの道具 15
トック・カレンダー 16

Part 2 料理編 17

백설기／ペクソルギ 18
콩설기／コンソルギ 20
팥시루떡／パッシルトック 22
무지개떡／ムジゲケーキ 24
단호박찰떡／タノバチャルトック 26
검은콩찰떡／コムンコンチャルトック 28
영양찰떡／ヨンヤンチャルトック 30
야채시루떡／ヤチェシルトック 32
인절미／インジョルミ 34
깨찰떡／ケチャルトック 36
쑥절편／スッチョルピョン 38
찹쌀떡／チャプサルトック 40
찹쌀부꾸미／チャプサルプックミ 42
약식／ヤクシク 44
구름떡／クルムトック 46
두텁떡／トゥットプトック 48
낙엽송편／ナギョソンピョン 50
감자송편／カムジャソンピョン 52
쑥개떡／スッケトック 54
부꾸미피자／プックミピザ 56
쑥찹쌀구이／スッチャプサルクイ 58

대추단자／テチュダンザ 60
유자경단／ユジャキョンダン 62
사과떡케이크／サグァトックケーキ 64
커피떡케이크／コーヒートックケーキ 66
검은깨떡케이크／コムンケトックケーキ 68
가래떡／カレトック 70
미니견과류설기／ミニキョングァリュソルギ 72
초코바나나롤케이크／チョコバナナロールケーキ 74
곶감호박롤케이크／コッカムホバクロールケーキ 76
떡샌드위치／トックサンドイッチ 78
증편／チュンピョン 80
日本の米粉と韓国の米粉はどこが違う？ 82

Part 3 伝統茶編 83

オミジャ茶＋タシック 84
スジョンガ＋ホバクピョン 86
テチュ茶＋サルカンジョン 88
ペスク トクスダン 90
韓国の母の誕生祝いにトックを作る 91
「ペクソルギ」のご紹介 92
趙 善玉の手作りトックが味わえるレストラン 93
趙 善玉おすすめの食材＆調理用具 94
趙 善玉料理教室のご案内 95

この本を読まれる方へ

おいしいトックを
楽しく作っていただくために

● 材料の目安は4～6人分です。蒸し器の大きさや形によっても変わり、トックによっては「作りやすい分量」「型枠に合う分量」になっているものもあります。

● 計量単位は1カップ＝200cc、大さじ15cc、小さじ5ccです。

●「米粉」はうるち米の粉、「餅米の粉」は餅米から作った粉のことです。日本のスーパーなどで一般的に売られている米粉や餅粉ではなく、韓国のトック用の米粉や餅米の粉を使っています。日本の一般的な粉でも似たようなものはできますが、韓国のトック本来の味と舌触りとは違います（詳しくは82ページ）。

● 蒸したての熱い生地をこねたり、熱湯を入れた生地を混ぜるときは、やけどをしないように手袋をしたり、最初は木じゃくしを使うなど、充分注意してください。

● 蒸し器を使うときは、鍋の水がなくならないよう目配りをお願いします。

● 添加物を一切含まないトックです。作ってから時間がたつにつれ、かたくなり味が変わります。早めにお召し上がりください。時間がたったトックは電子レンジで加熱するか、フライパンに油をひいて軽く焼くと食べられます。

● 出来上がってすぐに食べない分は粗熱をとってから速やかに冷凍し、自然解凍で戻します。冷凍した場合でも1カ月以内をめどに食べきるようにしてください。

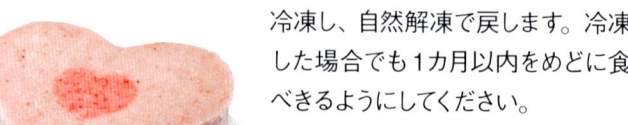

Part 1 基本編

トックには歴史と知恵と おいしさが結集しています

トックとは餅のことです。でも、日本人がイメージする餅とはかなり違います。その種類は驚くほど多く、韓国人の生活の一部になっています。まずはトックの基礎知識と特徴をご紹介します。

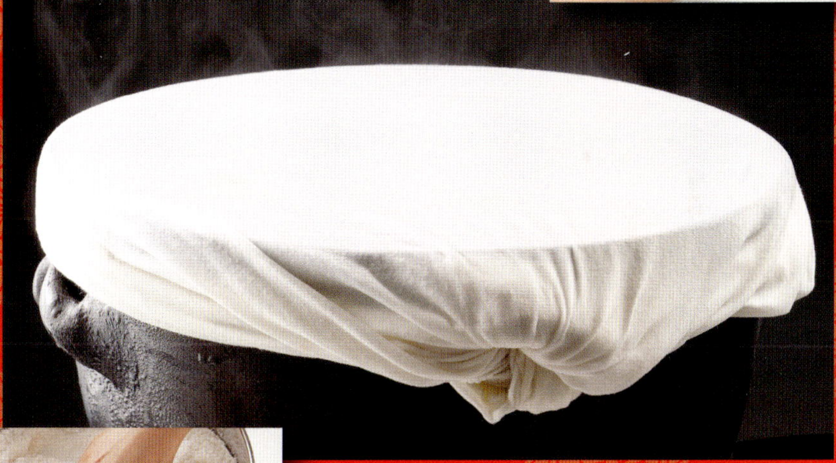

トックとは何か

伝えていきたい韓国の餅文化

　韓国のトック（餅）は韓民族の生活と意識の中に深く存在し、人々と喜怒哀楽をともにしながら発達してきました。トックには韓国人の情緒と文化が詰まっているといっても過言ではありません。

　トックの種類は非常に多く、それぞれの味と栄養、質感と香りは絶妙で、季節により、また地方によって味や香り、色、模様は多岐にわたっています。旬の材料を使った自然食で、健康増進にも一役買ってきました。韓国では「ご飯の上に餅」という言葉があるほどトックは間食にはもちろん、食事の代用としても外すことができないものとなっています。

　しかし、最近では西洋のパンやケーキの人気が高まり、これまで韓国人に愛されてきたトックを食べる機会は減ってきています。本来トックは各家庭で作るものでしたが、生活環境が変わり、今では店や精米所で買って食べるものになりました。値段も上がり、たくさんあった種類も次第に減り、残念なことにトックを楽しむ人の数も減りつつあります。

トックには優れた点がいくつもあります

 主材料と副材料との絶妙な配合により、味わい深いものになるだけではなく、五大栄養素が満遍なく摂取できます。これがトックの科学的で合理的な面です。

＜主材料＞
　炭水化物（餅米やうるち米）
＜副材料＞
　植物性のたんぱく質（小豆、黒豆、えんどう豆などの豆類）
　脂肪（なつめ、くるみ、松の実、ピーナッツ、かぼちゃの種などの堅果類）
　ビタミンや無機質（りんご、柿、ゆず、いちご、サンチュ、大根、かぼちゃ、じゃが芋、里芋、さつま芋、ほうれん草、にんじんなどの野菜類や果物類）

　季節ごとの花を使って美しい装飾と色彩に仕上げるトックもたくさんあります。春はツツジの花や梨の花、梅の花、夏はバラの花、秋は菊の花、ケイトウの花などが利用されています。

　また、桂皮、くちなしの花、芝草、五味子、白蓮初、松の花、黒ごま、松の甘皮などさまざまな香辛料や漢方の材料を加えることで健康を増進させ、情緒を安定させる働きも期待できます。主材料や副材料で栄養素を合理的に摂取し、自然の染料や香辛料でさらに補う方法は、栄養学的観点から見ても非常に科学的といわれています。

2 栄養バランスのよさには、おいしく食べながら薬のような働きが期待できます。もともと韓国の伝統料理は「薬食同源」または「食餌薬」といわれてきました。これは日ごろからバランスのとれたおいしい食事をとることで健康的な生活を維持し、疾病を事前に予防、治療するという考え方です。伝統のトックは多様な材料を使って五種類の栄養素を手軽にとることができるうえ、漢方の材料も加えていますから、まさにこの考え方に沿った食べ物です。

3 トックには韓国の情緒や文化が詰まっています。トックはもともと隣人や友人と分け合って食べるものでした。誕生祝いなどの宴会を開いた家では、お客さんたちが帰るときに食べ物を包んで渡す風習がありますが、このとき必ず包むものがトックです。友情、思いやり、感謝などの気持ちを表すものとしてトックが存在してきたのです。お互いの情をトックで分け合う、この美しい風習は今でもしっかりと韓国で受け継がれています。

Part 1 〈基本編〉トックには歴史と知恵とおいしさが結集しています

トックの種類

蒸す、搗く、ゆでる…作り方はいろいろ

韓国の餅の総称が「トック」です。ソルギ（蒸すトック）、ピョン（搗くトック）、タンジャ（ゆでるトック）、キョンダンなど作り方によって名前が分けられているものもあります。作り方別に次のように分けられます。

蒸すトック

基本的なトックでソルギ、チュンピョン、キョットックなどがある。主材料の米の粉に副材料を加えてシル（韓国の蒸し器）で蒸す。代表的なソルギはうるち米を粉にしてシルに入れ、蒸し器の上にのせて蒸したトック。ペクソルギ、コンソルギ、スックソルギ、ガムソルギなどがある。

こねるトック

ソンピョン、スッケットック、カムジャソンピョンなどで、粉に水分を加えてよくこね、形を作ってから蒸すトック。水分の蒸発を抑えるため、表面に油を塗る。ソンピョンは米粉に熱湯を加えて練り、豆、ごま、栗などの中身を入れて模様をつけたあと、松葉を間に敷いて蒸したもの。

搗くトック

インジョルミ、チョルピョンなど、蒸した米の粉をすりこぎなどで丁寧に搗いたあと、手で成形する。チョルピョンは蒸して搗いた生地を長く伸ばし、型で押して模様をつけて切ったトック。

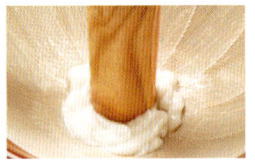

ゆでるトック

チャプサルキョンダン、ススキョンダンなどがあり、米粉を熱湯でこねて形を作り、ゆでて取り出してからコムル（12ページ参照）をまぶす。タンジャは餅米の粉を蒸したり、お湯で練って薄く伸ばしてゆで、さらに練って適当な大きさに切ってコムルをつけたトック。

焼くトック

ファジョン、チュアク、プクミなどで、餅米の粉に熱いお湯をかけながらこねて形を作り、油をひいたフライパンで焼く。

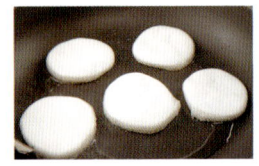

基本的な作り方

米の粉の生地に、副材料を混ぜて蒸す

伝統のトック作りは主材料になるうるち米や餅米を洗うところから始まります。そして米を粉にするまでが第一段階。とはいえ、一からここまでのすべてを行うのは大変ですから、韓国では精米所で粉にしてもらったり、あるいはすでに粉になったものを使うのが一般的です。

❶ 韓国での米の粉の作り方

1　米を洗う
（水を取り替えながら2～3回洗って、ほこりやごみを取る）

2　水に浸けて充分吸水させる
（米にたっぷりの水を注いで夏場は3～5時間、冬場は8～12時間浸ける）

3　米の状態を確認（吸水して膨らんだ米は1.5倍ほどになり、手で握ると簡単に崩れる）

4　水気をきる（米をふるいにのせて1時間ほど置き、乾かす）

5　米挽き（米を家で挽くのは大変なので、水気をきった米を精米所で挽いて粉にしてもらう＝韓国の場合）

6　保管
（すぐに使わない米の粉はビニールパックに小分けして必ず冷凍庫で保存する）

家庭でのトック作りはこの粉からスタートします。この本の「米粉」や「餅米の粉」も、こうしてできた粉を使っています。日本でもトック専用の米の粉を販売している所がありますから、そこで購入すれば簡単に始められます。

❷ 一般的なトックの作り方

1　水を加える（米の粉に水を加えて練りやすくする）

2　生地を練る（手で材料を混ぜ合わせ、よく練る）

3　目の粗いふるいに通す（米の粉に火がよく通るように細かくする）

4　副材料を加える（豆、栗、なつめなどさまざまな副材料を加え混ぜる）

5　蒸す（米の粉をシル、あるいは蒸し器に入れて充分に蒸す）

6　包装（トックが乾かないようにラップで包む）

これは代表的なトック作りの流れですが、中には蒸さずに焼くトックもあれば、ゆでるものもあります。材料や作り方はさまざまで、おいしさも多岐にわたっていますから、バリエーションを楽しみましょう。

Part 1　〈基本編〉トックには歴史と知恵とおいしさが結集しています

主役は米の粉。副材料で彩りと風味を添える

米の粉はトックによって使い分ける

トックの基本的な材料（主材料）になるのは米の粉です。うるち米から作る「米粉」と餅米から作る「餅米の粉」の2種類に分かれます。どちらももちもちした感触ですが、米粉はペクソルギやトックケーキなど比較的口当たりがあっさりしたものを作るときに、餅粉は餅、あん餅などもちもち感のあるものに使います。

餅を彩る副材料

コムル

コムルとは主材料にまぶしたり、ふったりするいろいろな種類の粉のことです。とくにインジョルミ、キョンダン、シルトックなどは表面にたっぷりまぶします。材料は小豆、緑豆、ごまなどで、カラフルな色みがトックをきれいに見せ、風味と栄養価を高めます。またコムルを砂糖、はちみつなどと混ぜ合わせてトックの中身にすることもあります。

小豆コムル （トゥットプトックP48　コッカムホバクロールケーキP76　タシックP84で使用）

材料（作りやすい分量）
- 小豆　5カップ
- 塩　大さじ1
- A（砂糖　1/2カップ
　　塩　小さじ1）

作り方

1. 鍋に小豆とひたひたの水を加えて火にかけ、沸騰したら湯を捨てる。
2. 小豆の5～6倍の水を加えて40分から1時間煮る。
3. ざるにあけて水気をきって熱いうちにボウルに移し、塩を混ぜて上下に大きく揺すって水分を飛ばす。
4. 再び鍋に移し、ひたひたの水とAを加えて、汁気がなくなるまで煮る。ここまで作ったものをパッシルトック（P22）などのトックに使う。さらに半分くらいまですりつぶしたものを小豆コムルとして使う。

汁気がなくなるまで煮た小豆。これをすりつぶすと小豆コムルに

緑豆コムル （ヤチェシルトックP32で使用）

材料（作りやすい分量）
- 緑豆　5カップ
- 塩　大さじ1

作り方
1. 緑豆はたっぷりの水に浸け、夏は3〜4時間、冬は6〜8時間置く。
2. 蒸し器にぬれ布巾を敷いて1を入れ、強火にかけて湯気が上がってきたら50分蒸す。
3. 豆をボウルに入れて上下に揺すって水分を飛ばし、塩を加える。
4. すりこぎでつぶして目の粗いふるいを通す。粒の細かいコムルにするなら、この作業を繰り返す。

黒ごまコムル　（クルムトックP46で使用）

材料
（出来上がり2と1/2カップ分）
- 黒ごま　2カップ

作り方
1. 中火に熱したフライパンに黒ごまを入れ、4〜5分から炒りする。ごまの色が薄くなってパチパチと音がしてきたら、弱火にしてさらに1〜2分炒める。
2. 大きめのボウルに移し、ごまを振り上げながら冷ます。
3. すり鉢でこまかくすり、ふるいを通す。
4. すぐに使わない分は小分けして保存袋に入れて冷凍庫で保存する。味つけは塩や砂糖などを使い、好みや用途に合わせる。

コミョン

コミョンはトックの上にのせたり散らしたりする材料の総称です。生地の中に入れることもあります。主になつめ、栗、くるみ、黒豆、松の実などですが、同じ材料でも丸ごと使ったり、細かく切ったりと、使い方はさまざまです。餅をきれいに飾り、歯応えをよくしたり、栄養価を上げたりする効果があります。

なつめ

皮をむくように回しながら薄く切り、長方形に切って砂糖水で煮て、ヤクシク（44ページ）やヨンヤンチャルトック（30ページ）などに使う。薄く切ったものをせん切りにしたり、巻いて花模様を作ったり、いろいろな形にカッターで切ってケーキなどに使う。

せん切りにしたなつめ

栗

皮をむいて生のまま使ったり、適当な大きさにカットして入れる。

黒豆

水に浸けてから一度ゆでこぼし、さらにゆでて使う。

松の実

頭の笠の部分をとってトックの上に飾ったり、中に入れたりする。

色づけ材料

トックの色づけに使うのは天然の色素。ほのかで落ち着いた色みです。さまざまな材料を使い、量を調整すれば自分だけの色を出すことができます。

赤
五味子（オミジャ）、いちごの粉、生いちご

緑
よもぎ（生、乾燥、粉）抹茶、ほうれんそう、うぐいすきなこ

黄
くちなし、かぼちゃの粉

紫
紫芋、百年草（済州島に自生しているサボテンの実）

トック作りの道具

韓国風に仕上げる伝統の道具。
身近なもので代用することも

Part 1 〈基本編〉トックには歴史と知恵とおいしさが結集しています

シル 시루

焼き物でできた韓国特有の蒸し器で、大小さまざまなサイズがある。底に大きめの穴がいくつか開いているので、ポンポンイというシートを敷いてから生地を入れる。ペクソルギ（18ページ）、ムジゲケーキ（24ページ）などは、シルに入れて蒸した生地をひっくり返したもの。かたく絞ったぬれ布巾でふたをし、水を入れた鍋にシルをのせる。鍋とシルの間から蒸気が逃げないようにシルポン（小麦粉を水で練ったもの）でぐるりと隙間を埋めて（写真上）鍋を火にかける。シルの代わりに普通の蒸し器やせいろに布巾を敷き、型枠を置いて生地を入れて蒸してもいい。また、ミニサイズになるが、紙コップに生地を入れて蒸し器で蒸すこともできる。

ポンポンイ （실리콘）깔개

シルに生地を入れるときに下に敷く。細かい穴が開いたシリコンのシートで、シルの底に合わせて切って使う。

すり鉢・すりこぎ 절구

本来、蒸した生地は臼と杵で搗いていたが、家庭で作るときはすり鉢とすりこぎで代用。すりこぎに油をつけながら搗くと、生地がくっつかない。

トックの型 떡살

スッチョルピョン（38ページ）などトックの表面に模様をつけるときの押し型。ハンコ式のものや細長い板がついて押しやすいものなど。

タシックバン 다식판

タシック（84ページ）の型を抜くのに使う。伝統的な模様の抜き型。

型枠 커팅 틀

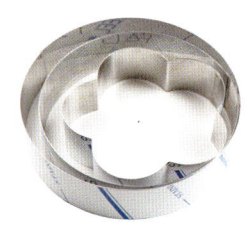
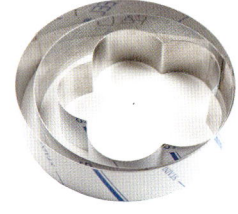

生地を入れて蒸すときに使う型枠。好みや大きさでいくつか種類があるとトック作りがさらに楽しくなる。

15

トック・カレンダー

トックには季節の食材を使ったり、行事にちなんだものなど、その時季ならではのものがあります。それぞれの由来や特徴を理解すると、さらに親しみが持てるものになっていくでしょう（日の呼び名の前の月日はすべて陰暦）。

1月1日 チョンウォルチョスン 정월초순
白いトックのスープ（白は純粋で無垢なこと、さらに正月であることも表現する）

1月15日 チョンウォルボルム 정월보름
ヤクシク（カラスへの感謝を表す。44ページ参照）

2月1日 チュンファジョル 중화절
ソンピョン（昔、新年の農作業が始まる前、主人が使用人たちに今年も頑張ってほしいとの気持ちを込めて作り、年齢の数だけ与えた）

3月3日 サムジンナル 삼짇날
ジンダレファジョン（ジンダレはツツジの花。花をつけて焼いたトックで家内安全を祈願）

4月8日 チョパイル 초파일
ヌティトック（ヌティという木の葉を貼りつけたり、粉にして混ぜたトックで釈迦の誕生日を祝う）

5月5日 タンオ 단오
スクチョルピョン（端午の節句）、スインジョルミ、エンドゥチョンシン（生のよもぎやゆすらうめの実など、生命力のある食材を使ったトック）

6月15日 ユドゥ 유두
トックスダン（田んぼから出てきた竜神が太陽の神様に豊年を祈願する）

7月7日 チルソク 칠석
チャルトック（早稲の収穫を天神に感謝する）

8月15日 チュソク 추석
ソンピョン、シルトック（米粉のトックで新米の収穫を先祖に感謝する）

9月9日 チュンヤンジョル 중양절
クッカジョン（先祖の霊をまつるチェサ〈祭祀〉や法事を行う）

10月 サンタル 상달
シルトック（成功祈願・安全祈願の儀式コサ〈告祀〉で家中の平安を祈願する）

11月 トンジ 동지
パッチュク、チャプサルキョンダン（雑鬼を封じ邪気を払うために食べる）

12月30日 ソルラルクウム 섣달그믐
オンシルトック（残った食材を集めて、シルで蒸すトック）

Part 2 料理編

さあ、トックを作りましょう

韓国で古くから親しまれてきた
伝統的なトックから
最近評判の現代的なものまで、
幅広くご紹介します。
材料も作り方も、おいしさもさまざま。
まずはお気に入りを見つけて
トックの世界を広げていきましょう。

伝統的なトック

お祝いに作る白いトック
백설기 ペクソルギ

ペクは白、ソルギは餅という意味の文字通り真っ白なトックです。赤ちゃんが生まれて100日目や1歳のお祝い、会社や店のオープンなどのときに用意して、多くの人と分け合って食べます。他のトックよりも米粉を細かくして作るためとても食感がよく、韓国人には大変人気のあるトックです。

材料（4〜6人分）

- 米粉　5カップ
  塩　小さじ1
  水　1/2カップ
  グラニュー糖　1/2カップ
- グラニュー糖　少々
- シルポン（小麦粉・水　各少々）

作り方

1. 米粉に塩をよく混ぜてふるっておく。
2. 水を加えて混ぜ、目の細かいふるいを通してから、グラニュー糖をさっと混ぜる。

粉をよく混ぜる

3. シル（蒸し器）の底にポンポンイ（細かい穴の開いた薄いシリコンシート）を敷き、グラニュー糖を振って2を入れ、平らにならす。
4. かたく絞ったぬれ布巾でふたをして、水を入れた鍋にシルをのせる。
5. 鍋とシルの間から蒸気が逃げないようにシルポン（小麦粉を水で練ったもの）でぐるりと隙間を埋める。

シルポンで鍋とシルの間をしっかりふさぐ

6. 鍋を強火にかけ、湯気が上がってきてから20分ほど蒸す。
7. 鍋からシルを下ろして、ガス台の上に5分ほど置いて落ち着かせる（ガス台の火はつけない）。
8. 皿にひっくり返して盛りつける。好みの飾りをのせてもいい（写真の飾りは米粉のトックに色をつけたもの）。

伝統的なトック

米粉で作る豆のトック
콩설기 コンソルギ

韓国には家族や仕事の無事や安全を祈る告祀（コサ）というお祓いの儀式があります。そこに供えられるトックのひとつがコン（豆）ソルギ。ご先祖に守ってもらいたいとの思いを込めて用意します。もちろん、おやつで食べることも多く、とても人気のあるトックです。とくに秋は新豆が出回るのでぜひ作ってみたいですね。

材料（4〜6人分）

- 米粉　5カップ
  塩　小さじ1
  水　1/2カップ
  グラニュー糖　1/2カップ
- えんどう豆　1カップ
  塩　小さじ1/2
  グラニュー糖　大さじ3

作り方

1. 米粉に塩を入れてよく混ぜたあと、水を混ぜて目の粗いふるいに通す。水の分量は目安で、混ぜた粉を手でしっかり握ると固まるくらいのかたさに調整する。
2. グラニュー糖を加えて混ぜる。
3. えんどう豆は洗ってたっぷりの水に3〜5時間浸してふやかし、水気をきって塩とグラニュー糖を混ぜておく。飾り用に少し残しておく。
4. 2に3を加えて混ぜる。
5. 蒸し器にかたく絞ったぬれ布巾を敷いて型枠を置き、4を入れて上を平らにならして飾り用の豆をのせる。強火で約20分蒸す。

生地にえんどう豆を混ぜる

伝統的なトック

小豆がたっぷりのトック
팥시루떡 パッシルトック

パッは小豆のこと。おめでたい席には必ず出てくるおなじみのトックです。私の教室でこのパッシルトックを教えると、皆さんが口をそろえて「懐かしい味がする！」と驚きます。味覚が共通しているのですね。市販のものもありますが、昔ながらのやり方で作る私のものとは味が違います。どこが違うのでしょうか。

材料（4〜6人分）

- 米粉　5カップ
  　塩　小さじ1
  　水　1/2カップ
  　グラニュー糖　1/2カップ
- 小豆コムル　2カップ
  （作り方は12ページ参照）
- シルポン（小麦粉・水　各少々）

作り方

1. 米粉に塩を入れてよく混ぜたあと、水を混ぜて目の粗いふるいに通す。水の分量は目安で、混ぜた粉を手でしっかり握ると固まるくらいのかたさに調整する。
2. グラニュー糖を加えて混ぜる。
3. 米粉を2等分、小豆コムルを3等分、あるいは米粉を3等分、小豆コムルを4等分にする。
4. シル（蒸し器）にポンポンイ（細かい穴の開いたシリコンシート）を敷き、小豆コムル、米粉、小豆コムルの順に重ねながら敷き詰めていく。いちばん上が小豆コムルになる。
5. シルを鍋にのせてシルポン（小麦粉を水で練ったもの）で隙間を埋め、かたく絞ったぬれ布巾でふたをして強火にかける。湯気が上がってきたら、20分ほど蒸す。
6. よく蒸らしたら、皿にひっくり返して盛る。

混ぜた生地は目の粗いふるいに通す

おめでたい席に登場するパッシルトック。前作の出版記念パーティーでパッシルトックにナイフを入れたところです

伝統的なトック

虹のようなカラフルトック
무지개떡 ムジゲケーキ

ムジゲは虹。虹のようにきれいな色が段々に重なったケーキです。結婚式や子供の1歳の誕生日など、お祝いの席に登場します。色はすべて天然の色素を使っていますから、風味がよく安心です。

材料（4～6人分）

- 米粉　10カップ
  塩　大さじ1
  水　適宜

（各色の米粉の量／グラニュー糖の量）

- 白　　（1と1/2カップ／大さじ3）
- ピンク　いちごの搾り汁　大1個分
  　　　（1と1/2カップ／大さじ3）
- 黄色　かぼちゃの粉　大さじ1
  　　　（2カップ／大さじ4）
- 緑　　よもぎの粉　大さじ1
  　　　（2と1/2カップ／大さじ5）
- 茶色　シナモン　大さじ1と1/2
  　　　（2と1/2カップ／大さじ5）
- シルポン（小麦粉・水　各少々）

作り方

1　米粉に塩を加えてふるいにかけ、5色の分量に分ける。

2　各色の材料をそれぞれに加えて混ぜ合わせたら、それぞれに水を大さじ2～3加えて粉っぽさがなくなる程度に混ぜ、目の粗いふるいに通し、グラニュー糖を混ぜる。

生地は5色に色分けする

3　シル（蒸し器）にポンポンイ（細かい穴の開いたシリコンシート）を敷き、砂糖（分量外）をぱらぱらと振ってから生地を白、ピンク、黄色、緑、茶色の順に重ねていく。

4　水を入れた鍋にシルをのせてシルポン（小麦粉と水を混ぜて練ったもの）でぐるりと隙間を埋め、かたく絞ったぬれ布巾でふたをして強火にかける。湯気が上がってきたら、20分ほどよく蒸す。

5　よく蒸らしたら、皿にひっくり返す。好みの飾りをつけてもいい（写真は米粉のトックに色をつけたもの）。

※いちごが手に入らない時期はいちごの粉で代用。よもぎの粉の代わりには抹茶を使う。

伝統的なトック

かぼちゃをたっぷり入れて

단호박찰떡 タノバチャルトック

タノバはかぼちゃ。生のかぼちゃを蒸してすりつぶしたものが、餅米のもちもち感によく合います。秋の収穫シーズンに作るトックですから、秋から冬に食べたくなる懐かしい味でしたが、今では1年中かぼちゃが手に入りますから季節感は薄まりました。

材料（4～6人分）

- 餅米の粉　5カップ
  　塩　小さじ1
  　グラニュー糖　1/2カップ
- かぼちゃ　1/4個
- サラダ油　少々

作り方

1. かぼちゃは皮をむいて種を取り出し、蒸し器で15～20分蒸してからすりつぶす。
2. 餅米の粉に塩を加えてよく混ぜる。グラニュー糖と1を混ぜる。かぼちゃの水分でまとまるが、水が足りないときは少し足す。目安は手でしっかり握ると固まるくらいのかたさ。
3. 蒸し器にぬれ布巾を敷いて内側にサラダ油を塗った型を置き、2を入れて上を平らにならす。
4. 強火にかけ、湯気が上がってきたら25分ほど蒸す。
5. 皿に出して食べやすい大きさに切り、盛りつける。

かぼちゃを加えた生地を作る

伝統的なトック

もちもち感いっぱいの黒豆入りトック
검은콩찰떡 コムンコンチャルトック

コムンコン（黒豆）は韓国でも人気のある豆です。中でも「ソリテ」という高級な豆で作るチャルトックが喜ばれます。ちょうど日本で丹波の黒豆が特別なものになっているような感覚です。私の家にはトック用の大きなシル（蒸し器）があり、いっぺんに米を5kg、8kgと蒸すことができました。黒豆のトックもこのシルでよく作ったものです。

材料（4〜6人分）

- 餅米の粉　5カップ
    塩　小さじ1
    砂糖　1/2カップ
- 黒豆　2カップ
    砂糖　大さじ4
    塩　小さじ1/4
- 黒砂糖　大さじ3
- シナモン　大さじ1
- ごま油　少々

作り方

1. 黒豆はたっぷりの水に3時間浸けて7分ゆでて水を捨て、再び水5カップ（分量外）を加えて15分ゆでで、砂糖、塩を入れて煮詰める。ざるにあけて2等分する（煮汁はとっておく）。

黒豆はしっかり煮ておく

2. 餅米の粉に塩を入れてよく混ぜ、黒豆の煮汁1/4カップを加えてさらに混ぜ、目の粗いふるいに通す。砂糖を混ぜて2等分しておく。
3. 黒砂糖とシナモンを混ぜ合わせる。
4. 蒸し器にポンポンイ（細かい穴の開いたシリコンシート）を敷いてごま油を塗った型枠を置き、1、2、3、2、1の順に重ねていく。
5. 湯気の上がった蒸し器で25分蒸して皿に出す。

伝統的なトック

豆や芋、ナッツなどをたっぷり入れて

영양찰떡 ヨンヤンチャルトック

忠清道の名物に豆や芋を入れたセモリチャルトックというのがあります。牛の頭の餅という意味で、宮廷にも献上されました。私はこれにひまわりの種、干しぶどう、干しかぼちゃを加え、味も栄養バランスもアップさせたヨンヤン（栄養）チャルトックにしました。ボリュームがあって食事代わりにもなります。

材料（4〜6人分）

- 餅米の粉　10カップ
   塩　大さじ1
   三温糖　1と1/2カップ
- さつま芋　（小）1/2本
   砂糖　1/2カップ
- なつめ　5個
- 黒豆　1カップ
- 小豆　1カップ
- ひまわりの種　1/2カップ
- 干しぶどう　1/2カップ
- 干しかぼちゃ　1カップ
   （下段参照）

作り方

1 さつま芋は皮をむき、1cmの角切りにする。なつめはぬれ布巾でふき、回しながらむいて種を除き、1cm角に切る。

2 さつま芋を鍋に入れ、ひたひたの水と砂糖を加えてかために煮る。さつま芋を取り出した残りの汁になつめを浸し、さっと引き上げる（煮汁はとっておく）。

3 黒豆、小豆はそれぞれたっぷりの水に3時間浸けてから7分ゆでて水を捨て、再び水5カップ（分量外）を加えて黒豆は30〜40分、小豆は50分（夏場は1時間）ほど煮る。

4 干しかぼちゃは水に20分浸けて戻す。

5 餅米の粉に塩を加えてふるい、さつま芋の煮汁を1/4カップ加えてかたさをみる。目安は手でしっかり握ると固まるくらい。目の粗いふるいに通し三温糖を加えてよく混ぜ合わせる。

6 5に2〜4とひまわりの種、干しぶどうを加えて混ぜ合わせる。

7 型に入れて蒸し器で1時間ほど蒸し、ひっくり返して出す。

干しかぼちゃの作り方

かぼちゃ1個を縦4等分、横2等分にして、種を取って皮をむき、5mm厚さに切る。3日〜1週間天日に干す。からからになったら取り込んで保存容器に入れる。

いろいろ使える干しかぼちゃ

材料をすべて混ぜ合わせる

伝統的なトック

冷蔵庫にある野菜で
야채시루떡 ヤチェシルトック

サンチュは焼肉を巻いて食べることでおなじみですが、韓国にはサンチュを入れた伝統的なトックがあります。料理教室で残った野菜（ヤチェ）をこのトックに加えたら、さらにおいしいものになりました。今回は玉ねぎとにんじんを使いましたが、セロリ、ピーマン、ごぼうなど、冷蔵庫に残った野菜でオリジナルのものに挑戦してみましょう。

材料（4～6人分）

- 米粉　5カップ
  　塩　小さじ1
  　水　1/4カップ
  　砂糖　1/2カップ
- 玉ねぎ　1/2個
- にんじん　1/4本
- サンチュ　2～3枚
- 緑豆のコムル　3カップ
  （作り方は13ページ参照）
  　砂糖　1/2カップ
  　塩　小さじ1
- シルポン（小麦粉・水　各少々）

作り方

1. 米粉に塩を加えてふるい、水を加えて混ぜ、目の粗いふるいに通し砂糖を加える。
2. 緑豆のコムルに砂糖、塩を混ぜ合わせ、3等分する。
3. 玉ねぎ、にんじんはせん切り、サンチュは5㎝角くらいに切る。
4. 1と3を混ぜ、2等分する。
5. シルにポンポンイ（細かい穴の開いたシリコンシート）を敷き、2、4、2、4、2の順に重ねて入れる。
6. シル（蒸し器）を鍋にのせてシルポン（小麦粉を水で練ったもの）で隙間を埋め、かたく絞ったぬれ布巾でふたをして強火にかける。湯気が上がってきたら、15～20分ほど蒸す。
7. よく蒸らしたら、皿に盛りつけて出来上がり。

生地に野菜を混ぜる

伝統的なトック

「蒸して搗く」基本のトック
인절미 インジョルミ

「平たい餅」という意味で、日本のお正月に搗く餅と似ています。韓国でもお正月や誕生日などに母が作ってテーブルに広げたものを、みんなでちぎってはきなこをつけてほおばったものです。顔中きなこだらけになりましたが、それも楽しい思い出です。

材料（4～6人分）

- 餅米の粉　5カップ
    塩　大さじ1
    水　1/4カップ
    グラニュー糖　1カップ
    （甘さを抑えたい場合は1/2カップ）
- ごま油　少々
- きなこ　1カップ

作り方

1. 餅米の粉に塩を入れてよく混ぜたあと、水を混ぜて目の粗いふるいを通す。水の分量は目安で、混ぜた粉を手でしっかり握ると固まるくらいのかたさに調整する。
2. グラニュー糖を加えて混ぜる。
3. 蒸し器に水を入れて強火にかける。蒸し器に布巾を敷き、2を入れて40分ほど蒸す。
4. 蒸し上がったら、ごま油を塗ったビニールの上に出し、たたきつけながらよくこねる。熱いので軍手をはめ、その上からビニールの手袋をするとよい。
5. 形を整え、きなこをまぶしつけてから一口大に切る（すぐに食べない場合には何もつけずに冷凍庫に入れ、食べる前に自然解凍してきなこをつける）。

よもぎインジョルミの作り方

よもぎを加えたインジョルミも風味がよく人気があります。材料や作り方はインジョルミと同じです。

作り方

①乾燥よもぎ50gをよく洗ってからゆでて、さらに水洗いし、水気をしっかり絞ってみじん切りにする。
②蒸し器で餅米の粉を蒸すときに真ん中を少し開け、よもぎを入れて45分ほど蒸す。
③蒸し上がったものをこねるときに、よもぎがよく混ざるようにしっかりこねる。

韓国の実家でのインジョルミ作り

伝統的なトック

黒ごまと白ごまの層がきれい
깨찰떡 ケチャルトック

ケはごま、チャルトックは餅。法事のときに食べる定番のトックです。先祖の霊をまつる祭祀（チェサ）にもよく使われます。ごまがたっぷり入ったこのトックはごまの下ごしらえにちょっと手間がかかるので、気合を入れて作りましょう。その分、仕上がりの美しさとおいしさはひとしおです。

材料（4～6人分）

- 餅米の粉　5カップ
  　　塩　小さじ1
  　　グラニュー糖　1/2カップ
  　　水　大さじ2
- 黒ごま　1カップ
  　　グラニュー糖　1/4カップ
  　　塩　少々
- 白ごま　2カップ
  　　グラニュー糖　1/2カップ
  　　塩　少々

作り方

1. 餅米の粉に塩と水を加えて、目の粗いふるいに通す。グラニュー糖を加えてよく混ぜ、2等分しておく。
2. 白ごま、黒ごまは別々にフライパンで炒って細かくすりつぶし、それぞれにグラニュー糖と塩を加えてふるいにかける。白ごまは2等分する。
3. 蒸し器に布巾を敷き四角形の型を置き、白ごま、餅米の粉、黒ごま、餅米の粉の順にならしながら水平に重ね、いちばん上に白ごまをのせる。
4. 強火にかけて湯気が上がってきてから15～20分ほど蒸す。
5. 蒸し上がったら皿にひっくり返して取り出す。

型に順番に重ねていく

伝統的なトック

米粉で作るよもぎの伝統トック
쑥절편 スッチョルピョン

スッはよもぎ、チョルは平たい、ピョンは餅。韓国人なら誰もが大好きなトックです。よもぎは二日酔いに効く、胃に優しい、婦人病にいいなどいいことずくめ。生のよもぎは4〜6月しか採れませんが、この時期にたくさん摘んでゆでて冷凍し、一年中トックに使うのが韓国流の楽しみ方です。

材料(4〜6人分)

- 米粉　5カップ
  塩　大さじ1
  水　1カップ
- よもぎ(生なら100ｇ 乾燥ものなら25ｇ よもぎの粉なら大さじ2)
- ごま油　適宜

作り方

1　米粉に塩を加えてふるっておく。よもぎの粉を使うときはここで加える。
2　1に少しずつ水を加え、粉っぽさがなくなるまで混ぜて、蒸し器で20分ほど蒸す。
3　よもぎをきれいに洗い、さっとゆでて水気をきってすり鉢でする。乾燥よもぎは30分〜1時間水に浸けて戻し、すり鉢でする。
4　2に3を加えて、粘りが出るまで練る。
5　生地を板にのせて手にごま油を塗りながら両手で細長く伸ばし、包丁で4〜5㎝幅に切って平たい円形にする。
6　トックの型で押して(なければそのままで)表面にごま油を塗る。

上から型で押す

きれいな模様がついた

伝統的なトック

韓国版の大福餅
찹쌀떡 チャプサルトック

日本で冬になると焼き芋屋さんが売りに来るように、韓国ではこのチャプサルトックが独特の呼び声とともにやって来ます。とても懐かしい光景です。チャプサルは餅米のこと。見かけは日本の大福にそっくりですが、皮にちょっと歯応えがあります。簡単なので私の家でもよく作っていました。

材料（4～6人分）

- 餅米の粉　5カップ
    塩　小さじ1
    熱湯　1/2カップ
- 砂糖　3/4カップ
- 卵白　1/2～1個分
- 小豆　1カップ
    砂糖　1/2カップ
    塩　小さじ1/2
- ごま油　少々
- 片栗粉　適宜

作り方

1　餅米の粉に塩を加えてふるっておく。
2　熱湯を加えてよくこね、細長くして端同士をつなぎ、大きなドーナツ型にする。
3　沸騰したお湯に入れて浮き上がってくるまでゆでて取り出し、水気をきる。
4　ごま油を薄く塗ったボウルに熱いまま入れ、砂糖と卵白を加えて、ごま油を塗ったすりこぎで丁寧に搗く。
5　小豆は7分ほどゆでて水を捨て、再び水5カップ（分量外）を加えて50分（夏場は1時間）ほど煮る。水気をきってつぶし、砂糖と塩を加える。
6　4を直径5cmの団子にしてから薄く伸ばし、5を適量のせて包むように閉じ、片栗粉をまぶす。

※5はつぶしあんの作り方。こしあんはこれをこしてさらに煮詰める。

生地をドーナツ型にする

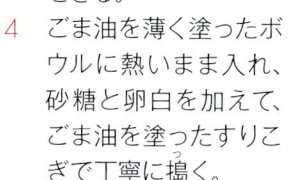

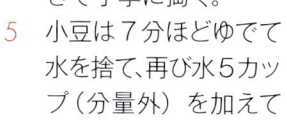

浮き上がるまで火を通す

すりこぎにごま油をつけると生地がくっつかない

広げた生地をあんの上で閉じる

伝統的なトック

練った生地を油で焼く
찹쌀부꾸미 チャプサルプックミ

チャプサル（餅米）であんを包み、油で焼くのがプックミ。蒸さずに焼くだけですからとても簡単です。私の子供時代は今のようにお菓子の種類が豊富ではありませんでしたから、学校から帰ると母がよくおやつに作っておいてくれました。あんを入れず、皮に砂糖を加える方法もあります。

材料（4～6人分）

- 餅米の粉　3カップ
    - 塩　小さじ1/2
    - 熱湯　1/3カップ
- こしあん（市販品）　1/2カップ
- アーモンド（みじん切り）　大さじ2
- くるみ（みじん切り）　大さじ2
- なつめ　3個
- ひまわりの種　15粒
- サラダ油　適宜

作り方

1. 餅米の粉に塩を加えて混ぜ、ふるっておく。
2. 熱湯を加えながらこねて、充分に練る。熱湯の分量は目安で、混ぜた生地を手でしっかり握ると固まるくらいのかたさに調整する。
3. こしあんにアーモンド、くるみを加えて混ぜ、小指の先ほどの大きさに分けておく。
4. 2を直径5～6cmの平たい円形にして、サラダ油をたっぷり熱したフライパンで焼く。
5. ほぼ火が通ったら3をのせて2つに折り、さらに表面を焼く。
6. なつめを切ったものやひまわりの種を飾りにする。

フライパンで香ばしく焼く

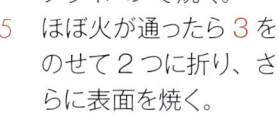

あんをのせて2つ折り

※サラダ油の代わりに、韓国産の松の実油やかぼちゃの種油を使えば格段に香り高いプックミに仕上がる。

趙 善玉おすすめの天然オイル

自然食材の持つ味と風味、栄養素がすべて抽出されていて、驚くほどの風味が楽しめる（詳しくは94ページ）。

Part 2 〈料理編〉さあ、トックを作りましょう

伝統的なトック

なつめや松の実、はちみつなどを加える
약식 ヤクシク

新羅の第21代の王であるソジ王が外出したとき、カラスの導きによって命を助けられました。それに感謝したソジ王が、カラスに捧げたのがヤクシクといわれています。漢字で書くと「薬食」。体にいい材料をたっぷり使ったトックです。

材料（4～6人分）

- 餅米　5カップ
- さつま芋　1/2本
　　砂糖　1/2カップ
- なつめ　10個
- 松の実　大さじ2
- A　三温糖　1カップ
　　白砂糖　1/4カップ
　　シナモン　小さじ1
　　しょうゆ　大さじ1
　　テチュゴ　大さじ2
　　（なつめを煮てこして、さらに煮詰めたもの。なければ省略してもよい）
　　キャラメルソース　大さじ3
　　（作り方は下段参照）
　　はちみつ　1/3カップ
　　ごま油　大さじ3
- B　水　1/2カップ
　　塩　小さじ1/2

キャラメルソースの作り方
（出来上がり大さじ4程度）

砂糖大さじ6を鍋に入れ、サラダ油大さじ1を加えて火にかける。強火にし、かき混ぜないで沸騰させ砂糖が溶けたら、火を弱火にする。木べらでよく混ぜて全体が濃い茶色になったら火を止め、水大さじ1に片栗粉小さじ1を溶かしたものを入れる。そのまま混ぜて、よく溶けたら、もう一度火を入れる。

作り方

1　餅米をきれいに洗い、たっぷりの水に3時間ほど浸け、水気をきる。
2　さつま芋は皮をむき、1.5cmの角切りにする。なつめはぬれ布巾で拭き、種を除いて2～4等分する。
3　さつま芋を鍋に入れ、ひたひたの水と砂糖を加えてかために煮る。さつま芋を取り出した残りの汁になつめを浸し、さっと引き上げる。
4　Aの材料を混ぜ合わせておく。
5　蒸し器に布巾を敷いて、1を入れて強火にかける。
6　40分くらい蒸したらBの塩水をばらばらと振りかけ、木べらで上下をひっくり返してよく混ぜ、さらに20分蒸す。
7　蒸した餅米が熱いうちに大きいボウルにあけて、3、4、松の実を加えて混ぜる。再び蒸し器に戻して、強火にかけ、お湯が沸騰してから50分蒸す。

すべての材料を混ぜ合わせる

伝統的なトック

切り口が雲のような模様
구름떡 クルムトック

クルムは雲のことです。蒸した生地を少しずつ取り、黒ごまコムルをまぶしながら型に詰めていくので、トックの切り口に出るごまの黒い線が雲のように見えます。この写真の器は私の娘が2歳になったのを記念して、旅行先の宮崎で買ったもの。思い出の器に、もちもち感たっぷりのおいしいトックを盛ってみました。

材料（4～6人分）

- 餅米の粉　5カップ
　　塩　小さじ1
　　水　1/4カップ
　　砂糖　1/3カップ
- さつま芋　1/3本
　　砂糖　大さじ4
　　水　1カップ
- なつめ　10個
- くるみ　10個
- 黒豆　1/4カップ
　　砂糖　大さじ2
- 黒ごまコムル　1/2カップ
（作り方は13ページ参照）

作り方

1 さつま芋は皮をむいて1.5cmの角切りにし、砂糖と水で汁気がなくなるまで煮る。
2 なつめは回しながら切って種を除き、8等分にする。くるみは粗みじん切りにする。
3 黒豆は5時間水に浸けてふやかし、7～10分ほどゆでて一度湯を捨て、かぶるくらいの水を加えて30分煮て、砂糖をからめる。
4 餅米の粉に塩と水を入れて混ぜ、目の粗いふるいに通す。
5 砂糖と1～3を加えて軽く混ぜる。
6 蒸し器にぬれた布巾を敷き、砂糖（分量外）をぱらぱらとまいてから5を入れて35分ほど蒸す。
7 少しずつ塊でちぎって黒ごまコムルをつけて四角い枠に詰めていく。冷凍庫で2時間ほど置いて形を整え、1.5cm厚さに切る。

形を整えてから取り出す

切り口の模様が楽しみ

Part 2　〈料理編〉さあ、トックを作りましょう

伝統的なトック

生地をふんわり重ねて蒸す
두텁떡 トゥットプトック

かつて韓国の宮廷に献上されたトックとしては最高級のもの。韓国人でも知らない人がいるくらい特別なトックです。中にたくさん「体にいいもの」が入っておいしいうえに栄養も満点。作り方は独特で、ふんわりと緑豆の粉で生地と中身を覆う仕上がりがすてきです。

材料（4〜6人分）

- 餅米の粉　5カップ
    - しょうゆ　大さじ1
    - はちみつ　1/4カップ
- 緑豆　4カップ
    - しょうゆ　大さじ2
    - 砂糖　1/4カップ
    - 三温糖　1/2カップ
- 栗　2個
- なつめ　3個
- くるみ　2個
- 松の実　大さじ1/2
- はちみつ　大さじ2
- ゆず茶のゆずのみじん切り　大さじ1
- シナモン　大さじ2
- 小豆のコムル　1カップ
  （作り方は12ページ参照）

作り方

1. 餅米の粉にしょうゆ、はちみつを加えて両手で混ぜ合わせ、目の粗いふるいに通す。
2. 緑豆は水に浸け、皮をきれいに洗って取り除いてから蒸し器でやわらかくなるまで蒸して、熱いうちに裏ごしする。大きめのフライパンに入れ、しょうゆ、砂糖、三温糖を加え、ぱらぱらになるまで炒ってからふるっておく。
3. 栗、なつめ、くるみはみじん切りにして、松の実は笠を取り除く。
4. 3とはちみつ、ゆずのみじん切り、シナモン、小豆のコムルを混ぜ合わせて小さな団子に丸める。
5. 蒸し器に2の粉を敷き、その上に1を1さじ分ずつお互いにくっつかないように置き、4をひとつずつ置く。その上を覆うように1を振りかけ、さらに上から2をたっぷり振りかける。
6. 強火にかけて、湯気が出てから15分ほど蒸したら出来上がり。

中身をひとつずつ置いていく

かぶせるように餅米の生地をのせる

緑豆の粉をたっぷりかける

Part 2　〈料理編〉さあ、トックを作りましょう

49

近代的なトック

木の葉の模様を入れて

낙엽송편 ナギョソンピョン

ナギョとは葉のことです。4〜5月、よもぎが採れる時期に摘んで乾燥させておき、9月のお盆のころ新米でこのトックを作ります。中にごまのあんを入れました。ナギョですから葉の形にして筋をつけましたが、好みの形に仕上げてみましょう。

材料（4〜6人分）

- 米粉　5カップ
  塩　小さじ1
  熱湯　1/2カップ
- よもぎの粉　大さじ1
  （乾燥よもぎなら30g）
- すりごま　1カップ
  砂糖　大さじ2
  はちみつ　大さじ3
  しょうゆ　小さじ1/4
- ごま油　適宜

作り方

1. すりごまに砂糖とはちみつ、しょうゆを混ぜ合わせ、人差し指の第1関節くらいの大きさに丸めておく。
2. 米粉に塩を入れてふるっておき、熱湯を少しずつ入れながら混ぜる。沸騰したお湯を使うと粘りが出てソンピョンが上手にできるが、やけどをしないように最初はスプーンやしゃもじで大まかに混ぜてから手でこねる。生地がかたければ、さらに熱湯を少し加えてこねる。
3. 生地がやわらかくなるまでたたくように練ってよもぎの粉を加える。
4. 生地を直径4〜5cmに丸め、親指で穴を開けて1を入れて口を閉じてまとめる。ペティナイフで木の葉のような模様をつける。

ペティナイフで葉の筋をつける

5. 蒸し器にくっつかないように間隔をあけて並べ、18〜20分蒸す。
6. 蒸し上がったソンピョンが少し冷めたら、表面にごま油を塗っておく。

近代的なトック

片栗粉で作るトック
감자송편 カムジャソンピョン

カムジャとはじゃが芋のこと。本来じゃが芋からでんぷんを作って使ったのでこの名前がついています。でもそれは大変な作業ですから、市販の片栗粉を使いました。とはいえ出回っている片栗粉の材料はじゃが芋のでんぷんですから、結局同じことですね。トックの中身はグリンピース。緑が透けて見え、美しく仕上がりました。

材料（4～6人分）

- 片栗粉　2カップ
  塩　小さじ1
  熱湯　1/4カップ
- グリンピース（缶詰）　1/2カップ
  砂糖　大さじ2～4
  塩　小さじ1/4
- ごま油　適宜

作り方

1. グリンピースは水気をきって、砂糖と塩をからませておく。
2. 片栗粉に塩を加え、熱湯を注ぎながら混ぜて生地を作る。熱湯の分量は目安で、混ぜた片栗粉を手でしっかり握ると固まるくらいのかたさに調整する。
3. 熱いうちに直径5cm程度の円形に広げて、1をのせて2つに折りしっかり押しつけて指の跡をつける。
4. ぬれた布巾を広げた蒸し器に3を入れて15分蒸す。熱いうちに表面にごま油を塗る。

   ※グリンピースは冷凍でもいい。生が出回る季節はさっとゆでたものを使っても。

指の跡がつくようにしっかり押さえる

Part 2　〈料理編〉さあ、トックを作りましょう

近代的なトック

쑥개떡 スッケットック

シンプルなよもぎ餅

スッ(よもぎ)と米粉で作るトックはシンプルですが、素朴なおいしさにひかれます。デパートなどの催事でトックを販売すると、このスッケットックの人気がいちばん。私はいろいろなトックをたくさん作るので、かえってあまり食べないのですが、これだけはわざわざ自分の分を残しておくほど気に入っています。

材料（4～6人分）

- 米粉　5カップ
  　塩　大さじ1
  　砂糖　3/4カップ
  　熱湯　3/4カップ
- 乾燥よもぎ　30g
- ごま油　適宜

作り方

1. よもぎは水で戻し、よく絞ってからみじん切りにする。
2. 米粉に塩を加えてふるっておく。砂糖、よもぎ、熱湯を加えてよくこね、耳たぶくらいのやわらかさにする。
3. 2を直径6cmくらいの団子に丸め、人差し指、中指、くすり指の3本の指で押しながら平たく丸く伸ばす。
4. 蒸し器に布巾を敷き、その上に砂糖（分量外）をぱらぱらと振り、3を並べて入れ、10分ほど蒸す。
5. 蒸し上がったら、ごま油を表面に塗りお皿に盛る。

よもぎを細かく切る

Part 2 〈料理編〉さあ、トックを作りましょう

近代的なトック

ピザ風の餅米トック
부꾸미피자 プックミピザ

昔はよくプックミ（42ページ参照）を食べましたが、今の若い子たちはプックミを知りません。その代わり大好きなのがピザ。そこでこの2つを合わせたものを作ってみたら、意外なおいしさです。韓国のパプリカは日本にもたくさん輸入されていますが、生産量の75％は私の故郷である全羅北道金堤（キムジェ）のもの。まるで工場のような栽培場で作られています。

材料（4〜6人分）

- 餅米の粉　4カップ
  塩　小さじ1
  砂糖　大さじ2
  熱湯　1/2〜3/4カップ
- パプリカ（黄色1個、赤1個）
- ピザ用チーズ　100g
- いちじくジャム　大さじ2
- サラダ油　少々

作り方

1 餅米の粉に塩を加えてふるっておく。砂糖を混ぜ、熱湯を加えながらよく練る。耳たぶ程度のやわらかさになればよい。
2 パプリカは5mm幅の輪切りにし、種を除く。上下の残った部分は細かく切る。
3 フライパンにサラダ油をひいて弱火にかけ、パプリカを置く。パプリカの内側に1を入れて表面にいちじくジャムを塗り、細かく切ったパプリカをふって、チーズをのせる。

パプリカをフライパンにのせる

4 フライパンのふたをして火を通す。チーズが溶ければ出来上がり。チーズをパリッとさせたければ、そのままひっくり返してチーズを少し焼く。

内側に生地を詰める

※ジャムはいちごやブルーベリーなどでもよい。
※サラダ油の代わりに、韓国産の松の実油やかぼちゃの種油を使えば格段に香り高いプックミに仕上がる。これらの油については94ページを参照。

近代的なトック

フライパンで焼くよもぎ入りトック
쑥찹쌀구이 スッチャプサルクイ

生地を焼いて作るトックですが、適切な火加減とおいしそうな焼き色をつけるのにこまめな温度調節が必要です。電気フライパンを使うと簡単で失敗がありません。普通のフライパンを使うときは強火→弱火→中火の火加減を上手に行って、長めに火を通すようにしてください。

材料（4～6人分）

- 餅米の粉　3カップ
  - よもぎの粉　大さじ4
  - 重曹　小さじ1
  - 塩　小さじ1
  - 生クリーム　1/2カップ
  - 水　3/4カップ
  - 砂糖　1/2カップ
- くるみ　7個
- さつま芋　中1/2本
- なつめ　7個
- サラダ油　少々

作り方

1. 餅米の粉によもぎの粉、重曹、塩を混ぜてふるっておく。
2. 生クリーム、水、砂糖を加えて混ぜる。
3. くるみは粗みじん切り、さつま芋は皮をむいて小さめの角切りにする。なつめは飾り用に少し残し、種を除いてせん切りにする。それぞれ飾り用に少しずつ残しておく。
4. 3を2に加えて混ぜる。
5. フライパンを150～160度に予熱しておく。サラダ油をひき、4を入れて上を平らにして飾りをのせる。ふたをして230度に上げ7分ほど焼き、150～160度に落として7分ほど焼く。ひっくり返して焼き色をつけ、さらにひっくり返して火を止め、余熱で火を通す。

材料は全部まとめて入れる

飾りをのせる

※サラダ油の代わりに、韓国産のかぼちゃの種油を使えば格段に香り高いトックに仕上がる。これらの油については94ページを参照。

Part 2　〈料理編〉さあ、トックを作りましょう

近代的なトック

なつめをたっぷり入れて
대추단자 テチュダンザ

なつめ（テチュ）はとても体にいい食材で、韓国では手軽な「万能薬」として誰もがよく食べています。しかし、日本ではまだ一般的ではありません。こんなにいいものが食べられていないのはもったいないと、たっぷり使ってみたらとてもおいしいトックになりました。なつめは赤みが強くて、つやのいいものを選びましょう。

材料（4～6人分）

- 餅米の粉　5カップ
  　塩　小さじ1
  　水　1/4カップ
- なつめ　1カップ
  　砂糖　大さじ4
- はちみつ　大さじ1
- ごま油　適宜

作り方

1. なつめは上下を落として回しながら切り、半量は粗みじん切り、半量はせん切りにする。
2. 餅米の粉に塩を入れてふるっておく。水を加えてざっと混ぜ、目の粗いふるいに通す。
3. 粗みじん切りのなつめは砂糖大さじ2とひたひたの水で煮て、汁気をきって2に加える。
4. 蒸し器にぬれ布巾を敷き、砂糖（分量外）をぱらぱらとまいて3を入れて20分ほど蒸す。
5. 生地が透明になったらごま油を塗ったボウルに移し、ごま油を塗ったすりこぎで粘りが出るまでつぶす。
6. せん切りのなつめは砂糖大さじ2とひたひたの水を加えて煮る。
7. 板にはちみつを塗って5をのせ、食べやすい大きさに切って6をのせる。

なつめは上下を落とす

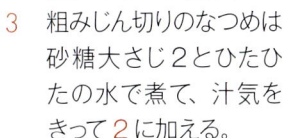

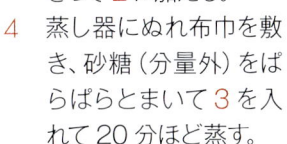

種を中心に回して切る

広げてみじん切りに

同様にせん切りにする

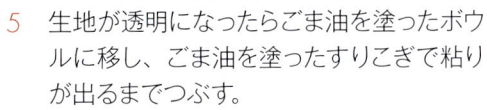

韓国から直輸入されている上質ななつめ（詳しくは趙善玉料理研究院までお問い合わせください）

Part 2　〈料理編〉さあ、トックを作りましょう

近代的なトック

ゆず茶の香りいっぱい
유자경단 ユジャキョンダン

ゆず（ユジャ）茶は日本人にとても人気があり、韓国旅行のお土産に買って帰る人がたくさんいます。これをトックに使えないかと考え、ゆず茶のゆずをみじん切りにして入れることで香りと口当たりのよいものに仕上げました。ゆずは食欲増進の効果があるので、夏バテしやすい季節にはとくにお勧めします。

材料（4～6人分）

- 餅米の粉　5カップ
    塩　小さじ1
- ゆず茶のゆず　大さじ5
- アーモンド　1/2カップ
- くるみ　1/2カップ
- はちみつ　大さじ1
- ごま油　適宜
- ココナッツパウダー　1と1/2カップ

作り方

1. 餅米の粉に塩を入れてよく混ぜたあと、ふるいにかけておく。
2. ゆず茶のゆずはみじん切りにする。
3. 1に2を加え、目の粗いふるいに通す。ふるいに残ったゆずのみじん切りはそのまま粉に加える。
4. 蒸し器にぬれ布巾を敷き、砂糖（分量外）をぱらぱらと振って3を入れ、25分程度蒸す。
5. アーモンド、くるみを細かく刻んでから炒りし、塩（分量外）をぱらっと振る。
6. 生地が透明に蒸し上がったらごま油を塗ったボウルにとり、よく練る。熱いので軍手をはめ、その上からビニールの手袋をするとよい。粘りが出たら5を加える。
7. 栗くらいの大きさに丸めて、底の部分にはちみつを塗って、全体にココナッツパウダーをまんべんなくつける。あればなつめやかぼちゃの種などを飾る。

ゆずは細かく切る

Part 2 〈料理編〉さあ、トックを作りましょう

近代的なトック

りんごまるまる1個を使って
사과떡케이크 **サグァトックケーキ**

りんご（サグァ）をたっぷり入れたオジリナルのトックです。果物入りのトックが食べたくなると作っていました。日本ではおいしい旬の果物をその時季に味わいますが、韓国は一年中食べようと保存に力を入れます。そのため、りんごや梨は一年中いつでも食べられます。この食文化の違いはおもしろいですね。

材料（4〜6人分）

- 米粉　5カップ
  塩　大さじ1/2
  水　1/4カップ
  砂糖　1/4カップ
- りんご　1個
- A　砂糖　大さじ3
  　　水　大さじ3
  　　はちみつ　大さじ1
- B　砂糖　大さじ3
  　　水　大さじ2

作り方

1. りんごは縦半分に切って皮をむき、種の部分を除く。1/2個は表面の飾り用に半月形に切り、1/2個は生地に加えるため粗みじん切りにする。
2. 半月形に切ったりんごにAの水と砂糖を加えて途中2回程度ひっくり返しながら煮る。りんごが透明になったらはちみつを加え、汁気をきる。

飾り用のりんごを煮る

3. 粗みじん切りにしたりんごにBを加え、さっと煮て汁気をきる。

中に加えるりんごを煮る

4. 米粉に塩を混ぜ、水を加えて混ぜたら目の粗いふるいに通す。砂糖と3を入れて軽く混ぜる。

りんごを生地に加える

5. 蒸し器に型枠を置き4を入れて表面に2をのせ、強火で20分間蒸し、火を止めて5分間そのまま蒸らす。皿に盛って、好みの飾りをのせる。

Part 2　〈料理編〉さあ、トックを作りましょう

近代的なトック

大人の味と香りを楽しむ

커피떡케이크 コーヒートックケーキ

コーヒーの香りが大人の味をかもし出す新しい感覚のトックです。「ときどき無性に食べたくなる」という根強いファンが多く、とくにコーヒー好きの方には好評です。チョコチップはちょっとした遊び心。チョコボールやお気に入りのチョコを飾っても楽しいですよ。

材料（4～6人分）

- 米粉　5カップ
   塩　大さじ1/2
   グラニュー糖　1/2カップ
   水　1/4カップ強
- インスタントコーヒー（粉状のもの）　大さじ1
- チョコチップ　1/2カップ

作り方

1. 米粉に塩とインスタントコーヒーを混ぜ、ふるっておく。水を少しずつ加えながら混ぜる。水の量は米粉を握ったときに塊が崩れない程度に。
2. 1を目の粗いふるいに通し、グラニュー糖を加える。
3. 蒸し器に布巾を敷き、その上に型枠を置いて2の2/3量を入れ、上にチョコチップを均等に置く。その上に残りの1/3量を入れ表面をきれいにならす（飾り用にチョコチップを残しておいてもよい）。
4. 蒸し器を強火にかけ、湯気が出てから25分ほど蒸す。
5. 蒸し上がったトックの型に皿をのせてひっくり返し、布巾を取り除いたら、その面にまた皿をかぶせてひっくり返す。くるみやチョコチップなど好みの飾りをのせてもいい。

インスタントコーヒーで簡単に

近代的なトック

黒ごまをたっぷり使う
검은깨떡케이크 **コムンケトックケーキ**

ごまは健康にいいと人気があるのは韓国も同じです。このケーキにはたっぷりと黒ごま（コムンケ）を入れました。ごまはすって使いますが市販のすりごまを使うと手間が省けます。から炒りをして水分を飛ばすことでごまの油っぽさが消え、風味も食感もアップします。

材料（4～6人分）

- 米粉　5カップ
  塩　小さじ1
  水　1/4カップ
  砂糖　1/2カップ
- 黒すりごま　1と1/2カップ
  塩　小さじ1/3
  砂糖　1/4カップ

作り方

1. フライパンに黒すりごまを入れてから炒りし、ふるいに通して塩と砂糖を混ぜる。
2. 米粉に塩と1の半量を混ぜ、水を加えながら混ぜる。かたさの目安は手でしっかり握ると固まるくらい。目の粗いふるいに通して、砂糖を加え2等分する。
3. 蒸し器に型枠を入れ、砂糖（分量外）を振って2の半量を入れ、残りのごまの半量を全体に広げ、その上に2の残りを入れ、上に残りのごまをのせる。
4. 蒸し器に入れて、15～20分強火で蒸す。

順番に入れていく

Part 2 〈料理編〉さあ、トックを作りましょう

近代的なトック

トッポギに、餅スープに
가래떡 カレトック

米粉に水を加えて蒸し、よく練って細長くした非常にシンプルなトックです。これをスティック状にして甘辛く煮たものが日本人にもおなじみのトッポギです。トックッ（餅スープ）に使う場合は一日乾燥させてから斜め切りにします。色つきカレトックの作り方もご紹介します。

材料（4〜6人分）

- 米粉　5カップ
- 塩　大さじ1
- 水　1/2カップ

作り方

1. 米粉に塩を入れて水を加えながら、手でよく混ぜ合わせる。しっかり握ると固まるくらいのかたさになるように水を調整する。
2. 強火にかけた蒸し器に1を入れて20分ほど蒸す。
3. 蒸し上がったら熱いうちに取り出して練る。熱いので軍手をはめ、その上からビニールの手袋をするとよい。
4. 転がしながら細長く伸ばし、適当な長さに切って、成形する。

転がしながら伸ばす

ドレッジなどで切る

手で角を押さえながら形を整える

3色カレトックの作り方

①上記の分量で作った生地を蒸し、練り終わったら3等分する。②ひとつは白のまま、あとの2つはそれぞれにかぼちゃの粉大さじ1/2、よもぎの粉小さじ1を加えてよく練り込み、色を出す。

Part 2 〈料理編〉さあ、トックを作りましょう

근대적인 떡

小さな型に入れたナッツのトック
미니견과류설기 ミニキョングァリュソルギ

キョングァリュ（堅果類）はナッツやドライフルーツのこと。ソルギは米粉で作るトックです。人気のあるトックですからあちこちで売られていますが、私の作るものはナッツをふんだんに入れるのが特徴です。ナッツはたんぱく質、脂質、ビタミンなどが豊富で、意外なことにダイエット中の人にも向いています。ダイエットをサポートして、太りにくくする働きがあるからです。

材料（4〜6人分）

- 米粉　3カップ
  塩　小さじ1/2
- 黄色（くちなしの実 1個＋水 大さじ3）
- ピンク（いちごパウダー 小さじ1＋水 大さじ2）
- 緑　（抹茶 小さじ1＋水 大さじ2）
- 砂糖　大さじ3
- A　くるみの粗みじん切り　1/4カップ
  アーモンドの粗みじん切り　1/4カップ
  かぼちゃの種　大さじ1
  なつめの粗みじん切り　大さじ1
  砂糖　1/2カップ
  水　1カップ
- ゆず茶のゆずのみじん切り　大さじ2
- 飾り用のくるみ、なつめ、ひまわりの種など　各少々

作り方

1 Aをすべて鍋に入れて汁気がほとんどなくなるまで煮て、ゆずを加え、ざるにあけて3等分する。
2 くちなしは水に30分浸ける。色のついた水大さじ2を使う。
3 米粉に塩を入れて3等分し、それぞれにくちなしの水、いちごの水、抹茶の水を入れて足りなければ水を補ってよく混ぜ、目の粗いふるいに通す。3色それぞれに砂糖大さじ1ずつを混ぜる。
4 3色それぞれに1を混ぜて、ミニケーキ型3つに入れて上を平らにならす。

ナッツ類などを全部混ぜる

5 蒸し器にポンポンイ（細かい穴の開いたシリコンシート）を敷いて4を置き、湯気が充分に出てから15分蒸す。
6 型から出して、くるみ、なつめ、ひまわりの種などを飾る。

近代的なトック

トックで巻くロールケーキ
초코바나나롤케이크 チョコバナナロールケーキ

昔、韓国でトックの学校に通っていたとき、卒業制作として考案したものです。当時はまだトックに生の果物を使うことはなく、斬新でおいしいと絶賛されました。日本でロールケーキが流行するずっと前の話です。しかしその後、韓国の料理の本にはこれに似たトックのロールケーキが次々と紹介されるようになりました。

材料（4～6人分）

- 米粉　3カップ
- 餅米の粉　1カップ
    - 塩　小さじ1
    - ココア　大さじ2
    - バター　大さじ1
    - 牛乳　大さじ2
    - 砂糖　大さじ6
- 生クリーム　大さじ3
- こしあん（市販品）　1/2カップ
- チョコチップ　適量
- バナナ　1本

作り方

1. 米粉と餅米の粉に塩を入れてよく混ぜてココアを混ぜる。バターと牛乳を加えて目の粗いふるいに通してから砂糖を混ぜる。
2. 蒸し器にポンポンイ（細かい穴の開いたシリコンシート）を敷いて四角い型枠をのせ、1を入れて真ん中に切り目を入れる。
3. 鍋の水を沸かし、2をのせて20分蒸す。
4. 生クリームを泡立て、こしあんを混ぜて2等分する。
5. バナナは4つ割りにしておく。
6. 巻きすにラップを広げ、3のトックの半分をひっくり返してのせ、4を塗り、チョコチップとバナナ2切れをのせてのり巻きのように巻く。
7. 残りのトックも同様に巻き、冷凍庫に15分くらい入れて落ち着かせ、食べやすい大きさに切る。

クリームはボウルの底を冷やしながら泡立てる

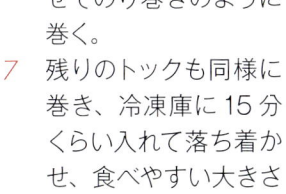

こしあんを混ぜる

中身をのせる

ぐっと手前を持ち上げる

のり巻きの要領で巻く

Part 2　〈料理編〉さあ、トックを作りましょう

近代的なトック

かぼちゃ入りトックで干し柿を巻く
곶감호박롤케이크 コッカムホバクロールケーキ

娘が生まれて100日目のお祝いをしたとき、パーティーの食事の準備を私一人でやりました。産後の肥立ちがよくなく、体調が優れなかったので、そんな症状によいといわれるかぼちゃ（ホバク）で何か作ろうと思いました。たまたま干し柿（コッカム）もあったので、これらを組み合わせてロールケーキにしたら、とてもおいしいものになりました。

材料（4〜6人分）

- 餅米の粉　5カップ
  塩　大さじ1
  砂糖　1/4カップ
- かぼちゃ　1/4個
- 干し柿　5個
- こしあん（市販品）　200ｇ
- 小豆のコムル　2カップ
  （作り方は12ページ参照）
- 塩水（水1カップ＋塩　小さじ1/2）

作り方

1. かぼちゃは皮をむいて種を取り出し、蒸し器で15〜20分蒸してからすりつぶす。
2. 餅米の粉に塩、砂糖、1のかぼちゃを入れて混ぜ、目の粗いふるいに通す。
3. 蒸し器にぬれ布巾を敷いて2を入れ、湯気が上がったら15分蒸す。
4. 干し柿はへたを落とし、縦に切り目を入れて開き、種を除いて5つに切る。
5. 3が蒸し上がったら手に塩水をつけてボウルに移し、すりこぎに塩水をつけながらよく搗く。ビニールを敷いた上に移し、2等分してそれぞれ3㎜厚さに伸ばす。
6. 巻きすにラップを広げ小豆のコムルをたっぷり敷いて5を広げ、干し柿とこしあんの半量をのせて巻く。これをもう1本作り、食べやすい大きさに切る。

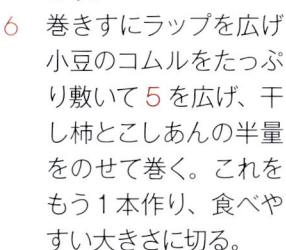

干し柿はへたを落とす

縦に切って開く

種を除いて5つに切る

のり巻きの要領で巻く

Part 2 〈料理編〉さあ、トックを作りましょう

近代的なトック

好みの具を挟んで
떡샌드위치 **トックサンドイッチ**

サンドイッチのパンをトックに替えてみました。もっちりとしてパンとは違う歯応えが楽しめます。中に挟むものをいろいろ工夫して、パーティーやハイキングなどに用意すると、珍しくてとても喜ばれますよ。

材料（4〜6人分）

- 米粉　4カップ
- 餅米の粉　1カップ
    塩　小さじ1
    牛乳　大さじ3
    砂糖　大さじ3
- キャベツ　3枚
- 玉ねぎ　1/2個
- にんじん　1/6本
- ハム　2枚
- じゃが芋　1/2個
- 卵　1個
- マヨネーズ　大さじ4
- （あれば）りんごエキス　小さじ1※
- 塩　小さじ1/2
- こしょう　少々
- バター　適量

※りんごを3カ月間砂糖に漬け込んで熟成させた発酵エキス。どんな料理もまろやかにおいしく仕上げる（詳しくは趙善玉料理研究院までお問い合わせください）。

作り方

1. 米粉、餅米の粉は一緒にして塩、牛乳を入れてよく混ぜ、目の粗いふるいに通す。砂糖を加えて混ぜ、四角い枠に厚さ1.5〜2cmになるように入れる。枠が小さければ2回に分ける。好みのサンドイッチの大きさに合わせて切り目を入れ、湯気の上がった蒸し器で15分蒸す。
2. キャベツ、玉ねぎ、にんじん、ハムは細切りにする。
3. ゆで卵を作り、粗みじん切りにする。じゃが芋はやわらかくゆでてつぶす。
4. 2の水気をきり、3と合わせて、マヨネーズ、りんごエキス、塩、こしょうであえる。
5. 蒸し上がった生地の片面にバターを塗って、4を挟む。好みの大きさに切る。

先に切り目を入れておく

たっぷりの具を挟んで

Part 2 〈料理編〉さあ、トックを作りましょう

近代的なトック

マッコリ風味の発酵トック
증편 チュンピョン

マッコリを使った蒸しパンのようなトックです。充分火を通してアルコール分を飛ばしてありますから、お子さんやお酒が弱い方でも大丈夫。昔は農家など重労働をする人たちがおやつに食べていたもので、学校から帰った私たちはよく知り合いの農家を訪ねてはお相伴にあずかったものでした。

材料（4～6人分）

- 米粉　5カップ
  　塩　小さじ1
- マッコリ　1と1/2カップ
- 砂糖　1/2カップ
- ドライイースト　3g
- なつめ　3個
- 黒ごま　大さじ1

作り方

1. 米粉に塩を入れて2回ふるっておく。
2. なつめはキッチンタオルで拭き、回しながら削って広げ、型で抜いたり、せん切りにする。
3. マッコリを鍋で沸かし、砂糖、ドライイーストを入れて混ぜ、1に加えて木しゃもじでよく混ぜてからこねる。
4. 大きめのボウルに3を入れてラップで覆い、35～40度の暖かさのところに3時間ほど置いて1次発酵をさせる。倍くらいまで膨らんだら木しゃもじでよく混ぜて空気を抜く（1回目のガス抜き）。
5. 再度ラップで覆って1時間ほど置き、2次発酵をさせたら同様に2回目のガス抜きをする。
6. 調理もできるマルチ炊飯器の中釜に生地を入れて、なつめ、黒ごまを飾り、スイッチを入れて1時間火を通す。
7. 普通の蒸し器を使う場合は、生地の3倍くらいの大きさの型に入れて蒸し器に入れる。弱火にかけて蒸し器の中が温かく感じる状態で5分ほど置き3次発酵させる。生地が型の上まで膨らんできたら、なつめ、ごまを飾り、強火にして40分ほど蒸し、弱火にしてさらに5分ほど蒸す。

趙 善玉おすすめのマルチ炊飯器

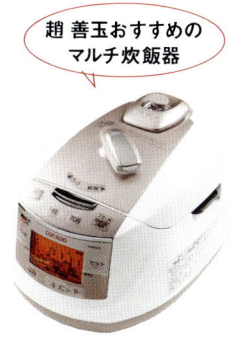

炊飯も料理もできる便利なCUCKOO。トック作りもおまかせ。詳しくは94ページ

マルチ炊飯器に生地を入れる

スイッチを入れて1時間で出来上がり

日本の米粉と韓国の米粉はどこが違う？

　トックの主材料は米の粉です。この本では「米粉」あるいは「餅米の粉」と表記していますが、同じような「米粉」「餅粉」が日本の一般的なスーパーでも売られています。一体どこがどう違うのでしょうか。

　もとになる米はどちらも同じです。うるち米も餅米も日本と韓国で大きな差はありません。私が使っている粉も日本の米から作られています。

　違いは粉砕の度合いです。日本の粉のほうが細かいのです。細かい分、空気が入り込めませんから粉同士の密着度が高く、お餅になったときはもっちりした感じがします。

　韓国の粉のほうがいくぶん粗いので空気が入り、ふわっとした感じがします。のどごしがいいのも特徴です。

　日本の米粉や餅粉を使っても似たようなものは作れます。粒子が細かいので、見た目は日本の粉のほうがきれいにできるかもしれませんが、歯応え、のどごしに差が出ます。

　日本の米を使った韓国トックを作りたければ、ぜひ韓国風に作られた米の粉を使ってください。趙善玉料理研究院では「日本の米を使った韓国風米の粉の作り方」も教えています。

> 趙善玉料理研究院では韓国風の米の粉を販売しております。米粉500g 600円、餅米の粉500g 700円（どちらも税込）。

Part 3 伝統茶編

お茶とトックの すてきなハーモニーを

おいしいトックにぴったりの飲み物を添えて、優雅なティータイムを楽しみましょう。
それぞれのトックに合う韓国伝統茶をチョイスしました。
「茶」という字がついていますが、
元来韓国では茶葉を使用しない飲み物も
お茶に替わる嗜好飲料として広く飲まれています。

トックに合う韓国伝統茶

韓国の伝統茶にはなつめ、しょうが、ゆずなど、体にいい材料が使われ、作り方も味もさまざまです。個性豊かなトックに合わせるには、味や素材がダブらないことを基本にし、「これは合いそうだ」という直感を働かせます。ここでご紹介するのはとくに相性のいい組み合わせです。

オミジャ茶 ＋ タシック

오미자차 オミジャ茶

オミジャ（五味子）は文字どおり甘味、酸味、辛味、苦味、鹹（塩味）の5つの味を持つことから名づけられ、植物そのものの名前にもなっています。漢方の材料でもあり、韓国ではこれを水で浸出させたものがよく飲まれています。5つの味のどれを強く感じるかで、体調がわかるそうです。インスタントもたくさん出ていますが、やはり本物にはかないませんね。

材料（4～6人分）
- 五味子　1カップ
- 水　5カップ
- 砂糖　大さじ7
- りんご　少々

作り方
1. 五味子を流水でよく洗い、水気をきる。
2. 水を加え12時間浸けておく。
3. 網でこして五味子を取り除き、砂糖を加えて甘味をつける。
4. りんごを薄切りにし、小さな型で抜いて浮かべる。

※五味子は漢方薬局で買うことができる。
※砂糖の代わりにはちみつでもよい。

다식 タシック

代表的な宮廷菓子です。落ち着いた色みがとてもきれいなお菓子ですから、まとめて作って冷凍し、お茶菓子として使うと重宝します。はちみつの量でかたさを調整してください。タシックバンがなければ包丁で形を作るか、好みの抜き型を使ってもいいでしょう。

材料（4～6人分）
- 白（片栗粉　3/4カップ　はちみつ　大さじ2）
- 緑（抹茶　3/4カップ　はちみつ　大さじ2）
- 黄色（きなこ　3/4カップ　はちみつ　大さじ2）

作り方
1. 片栗粉、抹茶、きなこにはちみつを加えて練る。
2. タシックバン（タシックの型・写真上）に詰めて抜く。

スジョンガ ＋ ホバクピョン

수정과 スジョンガ

しょうがとシナモンを煮出したお茶がスジョンガ（水正菓）。体が温まって血の巡りがよくなり、気管支によいといわれています。ホットでもアイスでもおいしく、一年中楽しめます。

材料（10杯分〜）

- しょうが　400ｇ
- シナモンの木の皮　750ｇ
- 黒砂糖もしくは三温糖　適宜
- 松の実　少々

作り方

1. しょうがをきれいに洗い、皮をむいて厚めの斜め切りにする。
2. 鍋にしょうが、水2リットルを入れて約1時間煮る。
3. 網でこしてしょうがを取り除く。
4. シナモンの木の皮を洗って水気をきる。
5. 鍋にシナモンの木の皮、水4リットルを加えて約1時間煮る。
6. 網でこしてシナモンの木の皮を取り除き、煮出した汁に3のしょうがを煮出した汁を加えて、30分ほど煮る。
7. 黒砂糖1/4カップで色をつけ、三温糖1カップほどで甘味をつけ、松の実を浮かべる。甘味は好みで調節する。

호박편 ホバクピョン

秋に収穫するかぼちゃ（ホバク）で作る茶菓子で、昔は秋から冬にかけてのおやつでした。今は一年中作れますが、明るい色合いは春から夏のほうが似合うかもしれませんね。

材料（4〜6人分）

- 米粉　7カップ
- 水　1/4カップ
- かぼちゃ　1/4個
- 砂糖　1/2カップ

作り方

1. かぼちゃは皮をところどころむいて種を取り除き、蒸し器で15〜20分やわらかくなるまで蒸してつぶす。
2. 米粉に1を入れて水を加えながらよく混ぜ合わせる。かぼちゃの水分があるので水はかぼちゃの状態を見ながら加える。目の粗いふるいに通して砂糖を加える。
3. 蒸し器の底にポンポンイ（細かい穴の開いた薄いシリコン）を敷いて型枠を置き、生地を入れて上を平らにする。
4. 強火にかけて湯気が上がってきてから15〜20分蒸す。
5. 冷めたら切り分ける。好みで飾りをつける。

Part 3 〈伝統茶編〉お茶とトックのすてきなハーモニーを

テチュ茶 + サルカンジョン

대추차 テチュ茶

テチュ（なつめ）は老化防止や滋養強壮、疲労回復、鎮静作用など幅広い効用があるといわれています。そのおいしさと成分をそっくり煮出したなつめ茶ですが、このレシピのような伝統的な方法で作る人は少なくなっています。

材料（作りやすい分量）

- なつめ　600g

作り方

1. なつめはよく洗って水気をきる。
2. 鍋に入れ、なつめが隠れるくらいの水を加えて強火で煮る。
3. 水気がなくなったら、さらに水1リットルを加えて中火で煮る。これを3～4回繰り返し、なつめの皮がむけて実がへらでくずれるほどやわらかくなったら、こす。
4. こしたものをさらに煮詰めてあんこのような状態になったら出来上がり。このなつめのあん大さじ2を水1/2カップで薄め、松の実などを飾る。温めてもよい。

쌀강정 サルカンジョン

おこしのような韓菓子です。上品な味わいで人気があり、おめでたいときやお正月などには欠かせません。プレゼント用にもよく使われるお菓子です。

材料（4～6人分）

- 米　6カップ
- シロップ（水　1/2カップ
　　　　　砂糖　1/2カップ
　　　　　水あめ　1と1/2カップ）
- 黄色（ゆず茶のゆずのみじん切り　大さじ2
　　　くちなしの実　1個
　　　シロップ　1/2カップ）
- ピンク（いちごジャム　大さじ1　シロップ　1/2カップ）
- 緑（青のり　大さじ1
　　シロップ　1/2カップ強）
- 塩　少々
- 揚げ油　適宜

作り方

1. 米を3～4回洗って3時間水に浸けておく。ふやかした米の6～7倍の水を加えて煮る。ご飯とおかゆの中間くらいのかたさを目安にする。
2. 火から下ろし、2回洗って最後に塩を加えてもう1回洗う。
3. 網に広げて3～4日乾かし、さらにビニールに広げて扇風機で風を送りながら完全に乾かす。ビニール袋に入れて麺棒などで伸ばしてかたまりを崩す。
4. 鍋にシロップの材料を入れて火にかけ、沸騰したら火を消す。
5. 揚げ油を180～220度に熱し、3の米を入れて1分30秒くらい揚げる。最初はグズグズという音がしていたものが静かになったら引き上げ、油切れのいい紙に広げて3等分する。
6. 黄色に使うくちなしは大さじ3の水に浸けて、色がついたら大さじ1と1/2を用意する。
7. フライパンにそれぞれの色の素と4のシロップを入れて火にかけ、5を入れてからめながら木べらでかき混ぜる。
8. 型にラップを敷いて7を入れ、上を平らにする。完全に固まる前に好みの大きさに包丁で切る。型で抜いてもいい。